The Cloud Dragon And Other Bilingual Spanish-English Stories for Kids

Pomme Bilingual

Published by Pomme Bilingual, 2024.

THE CLOUD DRAGON AND OTHER BILINGUAL SPANISH-ENGLISH STORIES FOR KIDS

First edition. September 8, 2024.

Copyright © 2024 Pomme Bilingual.

ISBN: 979-8227453389

Written by Pomme Bilingual.

Table of Contents

La Visita Misteriosa

Había una vez una niña llamada Sofía, que vivía en una pequeña casa al borde del bosque con sus padres. Sofía era muy curiosa y siempre estaba buscando nuevas aventuras, aunque su mamá le recordaba que no se alejara mucho de casa.

Una tarde lluviosa, mientras Sofía jugaba en su cuarto, escuchó un golpe suave en la puerta principal. Corrió a abrirla, pero lo que encontró la dejó boquiabierta: una jirafa. No era una jirafa común, sino una muy elegante, con un sombrero de copa y una bufanda a rayas que colgaba delicadamente alrededor de su cuello.

—Buenas tardes —dijo la jirafa, inclinando su largo cuello—. Mi nombre es Julieta. ¿Puedo pasar? Hace frío afuera.

Sofía, aunque sorprendida, no pudo resistir la amabilidad de la jirafa y le hizo un gesto para que entrara. Julieta se agachó cuidadosamente para no golpear el techo y entró en la sala de estar, donde los padres de Sofía estaban tomando té.

—¿Una jirafa en nuestra casa? —preguntó la mamá de Sofía, sin poder creer lo que veía.

—Así parece —dijo el papá—. Vamos a preparar más té.

Julieta se sentó torpemente en el sofá, que crujió bajo su peso, y miró a Sofía con una sonrisa.

—He venido para contarte una historia, Sofía —dijo Julieta—. Es una historia sobre un gran misterio.

Sofía, emocionada, se sentó frente a ella, y sus padres también se acercaron, curiosos por escuchar lo que la elegante jirafa tenía que decir.

Julieta comenzó su historia:

"Había una vez un bosque encantado, muy parecido a este, donde los animales hablaban y vivían en armonía. Un día, llegó un león, un rey de tierras lejanas, que buscaba una cosa muy especial: una flor mágica que solo florecía una vez cada cien años.

Todos los animales querían ayudarlo, pero el bosque era grande y la flor pequeña. El león ofreció una recompensa para quien encontrara la flor primero. Un elefante, un mono y una pequeña ardilla decidieron unirse a la búsqueda. El elefante usaba su gran memoria, el mono su agilidad, y la ardilla su astucia. Durante días buscaron sin éxito.

Un día, la pequeña ardilla, que no había dejado de buscar, tropezó con una piedra pequeña y brillante. Al recogerla, notó que la piedra emitía un suave resplandor y, curiosa, la llevó al león. 'No es una flor', dijo la ardilla, 'pero creo que esta piedra es importante'.

El león la miró con interés y decidió seguir a la ardilla de vuelta al lugar donde había encontrado la piedra. Para su sorpresa, cuando llegaron, una flor dorada comenzaba a florecer desde el suelo, iluminada por el resplandor de la piedra."

Julieta hizo una pausa y miró a Sofía y a sus padres, que la escuchaban con atención.

—¿Y qué pasó después? —preguntó Sofía con los ojos muy abiertos.

—Ah —dijo Julieta sonriendo—. Ese es el verdadero misterio. Nadie sabe cómo la piedra y la flor están conectadas, pero el león fue el primero en comprender que a veces, las cosas más importantes no son las que estamos buscando, sino las que encontramos en el camino."

Sofía aplaudió con entusiasmo, y sus padres sonrieron. Julieta se levantó con elegancia, ajustando su sombrero de copa.

—Es hora de que me vaya —dijo Julieta—. Gracias por la hospitalidad.

—Gracias a ti por la historia —dijo Sofía—. ¿Volverás algún día?

Julieta hizo una reverencia.

—Tal vez —dijo misteriosamente—. O tal vez nos encontremos en otra historia.

Y con eso, Julieta salió por la puerta, desapareciendo en la niebla de la tarde. Sofía se quedó mirando la puerta por un momento, con la sensación de que acababa de vivir algo muy especial.

Esa noche, Sofía soñó con bosques encantados, flores mágicas y misteriosas piedras brillantes. Sabía que nunca olvidaría la visita de la elegante jirafa y su historia sobre el gran misterio del bosque.

The Mysterious Visitor

Once upon a time, there was a little girl named Sofía who lived in a small house on the edge of the forest with her parents. Sofía was very curious and always looking for new adventures, though her mother often reminded her not to stray too far from home.

One rainy afternoon, while Sofía was playing in her room, she heard a soft knock at the front door. She ran to open it, but what she found left her speechless: a giraffe. It wasn't just any giraffe, but a very elegant one, wearing a top hat and a striped scarf draped delicately around its neck.

"Good afternoon," said the giraffe, bowing her long neck. "My name is Julieta. May I come in? It's cold outside."

Though surprised, Sofía couldn't resist the giraffe's kindness and motioned for her to enter. Julieta carefully ducked her head to avoid hitting the ceiling and entered the living room, where Sofía's parents were having tea.

"A giraffe in our house?" asked Sofía's mother, hardly believing her eyes.

"It seems so," said her father. "Let's make more tea."

Julieta sat down awkwardly on the sofa, which creaked under her weight, and looked at Sofía with a smile.

"I've come to tell you a story, Sofía," said Julieta. "It's a story about a great mystery."

Excited, Sofía sat down in front of her, and her parents also moved closer, curious to hear what the elegant giraffe had to say.

Julieta began her story:

"Once upon a time, there was an enchanted forest, much like this one, where the animals spoke and lived in harmony. One day, a lion, a king from distant lands, arrived searching for something very special: a magical flower that only bloomed once every hundred years.

All the animals wanted to help him, but the forest was vast, and the flower small. The lion offered a reward to whoever found the flower first. An elephant, a monkey, and a little squirrel decided to join the search. The elephant used his great memory, the monkey his agility, and the squirrel her cleverness. For days, they searched without success.

One day, the little squirrel, who had never stopped searching, stumbled upon a small, shiny stone. As she picked it up, she noticed the stone emitted a soft glow, and curious, she brought it to the lion. 'It's not a flower,' the squirrel said, 'but I think this stone is important.'

The lion looked at it with interest and decided to follow the squirrel back to the place where she had found the stone. To his surprise, when they arrived, a golden flower was beginning to bloom from the ground, illuminated by the glow of the stone."

Julieta paused and looked at Sofía and her parents, who were listening intently.

"And what happened next?" asked Sofía, her eyes wide open.

"Ah," said Julieta, smiling. "That is the true mystery. No one knows how the stone and the flower are connected, but the lion was the first to understand that sometimes, the most important things are not what we're searching for, but what we find along the way."

Sofía clapped her hands in delight, and her parents smiled. Julieta stood up elegantly, adjusting her top hat.

"It's time for me to go," said Julieta. "Thank you for your hospitality."

"Thank you for the story," said Sofía. "Will you come back someday?"

Julieta bowed.

"Perhaps," she said mysteriously. "Or maybe we will meet in another story."

And with that, Julieta stepped through the door, disappearing into the evening mist. Sofía stood there for a moment, feeling as though she had just experienced something very special.

That night, Sofía dreamed of enchanted forests, magical flowers, and mysterious glowing stones. She knew she would never forget the visit from the elegant giraffe and her story about the great mystery of the forest.

El Gato en el Árbol

En un pequeño pueblo, vivía una niña llamada Clara. Clara era una niña tranquila, con el cabello castaño y ojos curiosos. Le encantaba pasar las tardes jugando en el jardín de su casa, donde había un enorme árbol que casi tocaba el cielo. Un día, algo muy peculiar sucedió.

Clara estaba jugando con su muñeca favorita cuando escuchó un ruido extraño proveniente del árbol. Miró hacia arriba y, para su sorpresa, vio a un gato. Era un gato gris con grandes ojos verdes y una cola larga que se balanceaba nerviosamente.

—¡Oh, pobrecito! —exclamó Clara—. ¿Cómo has llegado tan alto?

El gato maullaba desesperadamente, pero no podía bajar. Clara corrió hacia la casa para contarle a su mamá.

—¡Mamá, mamá! ¡Hay un gato atrapado en el árbol! —gritó Clara mientras entraba corriendo.

Su mamá la siguió al jardín y miró hacia arriba.

—Es un gato bastante grande —dijo su mamá—. Llamemos al vecino, el señor Martínez, para que nos ayude. Él siempre sabe qué hacer.

Clara estaba ansiosa. Le preocupaba que el gato pudiera caerse. El señor Martínez vivía al lado y era conocido por ser un hombre muy sabio, siempre resolviendo problemas en el vecindario.

Cuando el señor Martínez llegó, llevó una larga escalera y la apoyó contra el árbol.

—Vamos a ver qué podemos hacer —dijo con una sonrisa amable.

Pero, justo cuando comenzó a subir la escalera, el gato se asustó y subió aún más alto, quedando en una rama delgada.

—Oh no, ahora está más lejos —dijo Clara, preocupada.

El señor Martínez bajó la escalera y pensó por un momento.

—Creo que este gato tiene miedo —dijo—. No bajará por más que intentemos alcanzarlo.

Clara se sentó en el césped, mirando al gato con tristeza. No podía dejar de pensar en cómo podría ayudar.

—¿Y si intento hablarle suavemente? —preguntó Clara—. Tal vez si no lo asustamos, baje solo.

El señor Martínez y su mamá asintieron, así que Clara se acercó al árbol, muy despacio.

—Hola, gatito —dijo Clara con la voz más suave que pudo—. No tienes que tener miedo. Estamos aquí para ayudarte. Todo va a estar bien.

El gato dejó de moverse por un momento y la miró con esos grandes ojos verdes. Clara siguió hablándole con calma, diciéndole lo hermoso que era y cómo todo estaría bien.

Poco a poco, el gato comenzó a descender. Primero, bajó de la rama delgada a una más gruesa. Luego, movió una pata hacia otra rama más baja.

Clara se quedó quieta, con la esperanza de que el gato no se asustara de nuevo. Finalmente, el gato estaba lo suficientemente cerca como para que el señor Martínez pudiera alcanzarlo. Con mucho cuidado, el señor Martínez subió por la escalera y tomó al gato en sus brazos.

—¡Lo tengo! —anunció con una gran sonrisa.

Clara saltó de alegría. Estaba tan feliz de que el gato estuviera a salvo. El señor Martínez bajó la escalera con el gato en brazos y se lo entregó a Clara.

—Creo que quiere quedarse contigo —dijo el señor Martínez mientras el gato ronroneaba en los brazos de Clara.

Clara miró a su mamá, esperando que dijera algo.

—Bueno, parece que ya has hecho un nuevo amigo —dijo su mamá sonriendo—. Podemos cuidarlo por ahora, si quieres.

Clara abrazó al gato, que se acomodó en sus brazos como si hubiera estado esperando este momento todo el tiempo. Le puso de nombre "Nube" porque su pelaje era suave como una nube en el cielo.

Esa noche, Nube se quedó dormido al pie de la cama de Clara, ronroneando suavemente. Desde ese día, Clara y Nube fueron inseparables, compartiendo muchas aventuras en el jardín y en el pequeño pueblo.

The Cat in the Tree

In a small town, there lived a girl named Clara. Clara was a quiet girl with brown hair and curious eyes. She loved spending her afternoons playing in the garden of her house, where there was a huge tree that almost touched the sky. One day, something very peculiar happened.

Clara was playing with her favorite doll when she heard a strange noise coming from the tree. She looked up and, to her surprise, saw a cat. It was a gray cat with large green eyes and a long tail that was nervously swinging.

"Oh, poor thing!" Clara exclaimed. "How did you get so high?"

The cat meowed desperately, but it couldn't come down. Clara ran inside to tell her mom.

"Mom, Mom! There's a cat stuck in the tree!" Clara shouted as she ran in.

Her mom followed her to the garden and looked up.

"That's quite a big cat," her mom said. "Let's call the neighbor, Mr. Martínez, to help us. He always knows what to do."

Clara was anxious. She was worried that the cat might fall. Mr. Martínez lived next door and was known for being a very wise man, always solving problems in the neighborhood.

When Mr. Martínez arrived, he brought a long ladder and leaned it against the tree.

"Let's see what we can do," he said with a kind smile.

But just as he started to climb the ladder, the cat got scared and climbed even higher, ending up on a thin branch.

"Oh no, now it's farther away," Clara said, worried.

Mr. Martínez came down from the ladder and thought for a moment.

"I think this cat is afraid," he said. "It won't come down no matter how hard we try to reach it."

Clara sat on the grass, looking at the cat sadly. She couldn't stop thinking about how she could help.

"What if I try talking to it softly?" Clara asked. "Maybe if we don't scare it, it will come down on its own."

Mr. Martínez and her mom nodded, so Clara approached the tree very slowly.

"Hello, kitty," Clara said in the softest voice she could. "You don't have to be afraid. We're here to help. Everything will be okay."

The cat stopped moving for a moment and looked at her with those big green eyes. Clara kept talking to it calmly, telling it how beautiful it was and how everything would be alright.

Little by little, the cat began to descend. First, it moved down from the thin branch to a thicker one. Then, it moved a paw toward a lower branch.

Clara stayed still, hoping the cat wouldn't get scared again. Finally, the cat was close enough for Mr. Martínez to reach it. Very carefully, Mr. Martínez climbed the ladder and took the cat in his arms.

"I've got it!" he announced with a big smile.

Clara jumped for joy. She was so happy the cat was safe. Mr. Martínez came down the ladder with the cat in his arms and handed it to Clara.

"I think it wants to stay with you," Mr. Martínez said as the cat purred in Clara's arms.

Clara looked at her mom, hoping she would say something.

"Well, it looks like you've made a new friend," her mom said with a smile. "We can take care of it for now, if you want."

Clara hugged the cat, which snuggled into her arms as if it had been waiting for this moment all along. She named it "Nube" because its fur was soft like a cloud in the sky.

That night, Nube fell asleep at the foot of Clara's bed, purring softly. From that day on, Clara and Nube were inseparable, sharing many adventures in the garden and around the small town.

El gato y la ventana mágica

En una pequeña y tranquila ciudad, había una casa al final de la calle que parecía como cualquier otra. Tenía un jardín bien cuidado, una cerca blanca y unas ventanas grandes por donde entraba la luz del sol. Pero había algo que hacía a esta casa especial: una ventana mágica.

Lucía, una niña de siete años, vivía en esa casa con su mamá, su papá y su gato, Lolo. Lolo era un gato gordito, de pelaje gris, que solía pasar sus días durmiendo en cualquier lugar soleado que encontrara. Aunque era un gato tranquilo, a veces Lolo se comportaba de forma muy extraña, y a Lucía le parecía que él sabía más de lo que mostraba.

Un día, mientras jugaba con su muñeca en el salón, Lucía notó algo curioso. Lolo, que normalmente dormía todo el día, estaba sentado frente a una de las ventanas del comedor, mirando fijamente hacia el exterior. Lo más extraño de todo era que su cola se movía de un lado a otro con mucha rapidez, como si estuviera muy emocionado por algo.

—¿Qué miras, Lolo? —le preguntó Lucía mientras se acercaba.

Lolo no se movió, pero cuando Lucía miró a través de la ventana, todo parecía normal. Era solo el jardín de siempre, con los árboles, las flores y el cielo azul de fondo. Sin embargo, algo en la expresión de Lolo la hizo sospechar que no todo era tan normal como parecía.

Esa noche, Lucía no pudo dejar de pensar en la ventana y en el comportamiento extraño de su gato. Así que decidió hablar con su mamá.

—Mamá, creo que Lolo vio algo raro por la ventana hoy —dijo Lucía mientras se cepillaba los dientes.

Su mamá se rió suavemente y le respondió:

—Oh, cariño, los gatos ven cosas que nosotros no vemos. No te preocupes, seguramente solo estaba mirando a un pájaro o una mariposa.

Pero Lucía no estaba tan convencida. Así que decidió investigar por su cuenta. A la mañana siguiente, después de desayunar, volvió al comedor y se sentó frente a la ventana, justo en el lugar donde había estado Lolo. Durante un rato no vio nada extraño, solo el mismo jardín de siempre. Pero justo cuando estaba a punto de darse por vencida, ocurrió algo increíble.

Frente a sus ojos, el paisaje del jardín comenzó a cambiar. Los árboles desaparecieron, y en su lugar apareció un campo de flores que nunca antes había visto. El cielo se volvió de un color violeta intenso, y en la distancia, podía ver un castillo enorme con torres altas.

Lucía no podía creer lo que estaba viendo. ¡Era como si la ventana se hubiera convertido en un portal hacia otro mundo!

—¡Lolo tenía razón! —exclamó emocionada—. ¡Esta ventana es mágica!

Corrió a buscar a Lolo, que como siempre estaba durmiendo en su lugar favorito bajo el sol. Lo levantó con cuidado y lo llevó frente a la ventana mágica. El gato, apenas abrió un ojo, pareció no sorprenderse en absoluto. Simplemente se estiró y saltó a través de la ventana.

—¡Lolo! —gritó Lucía asustada.

Pero cuando miró a través de la ventana, vio que Lolo estaba caminando tranquilamente por el campo de flores, como si nada fuera fuera de lo normal. Sin pensarlo dos veces, Lucía decidió seguirlo.

Con un salto, cruzó la ventana y se encontró en el mundo mágico. El aire era fresco y olía a flores, pero lo más asombroso era que todo parecía más brillante y lleno de vida que en su mundo.

—¡Lolo, espera! —gritó mientras corría tras su gato.

Lolo la guió a través del campo hasta un pequeño bosque. Los árboles eran altos y sus hojas de un verde brillante, pero lo que más llamó la atención de Lucía fueron los animales que vivían allí. Había conejos que llevaban sombreros, zorros que leían libros y ardillas que volaban de árbol en árbol como si fueran pájaros.

—¡Este lugar es increíble! —susurró Lucía asombrada.

Finalmente, llegaron a una cabaña en el corazón del bosque. Era pequeña, con paredes de madera y una chimenea de la que salía un hilo de humo. Lolo se acercó a la puerta y, con una patita, la empujó suavemente.

—¿Debo entrar? —se preguntó Lucía en voz alta.

Antes de que pudiera decidirse, la puerta se abrió sola, y una señora mayor, con una sonrisa amable y ojos brillantes, apareció en el umbral.

—¡Bienvenida, Lucía! —dijo la señora—. Te estaba esperando.

Lucía se sorprendió.

—¿Cómo sabe mi nombre? —preguntó, aún sorprendida.

La señora rió suavemente.

—Este es un lugar especial, querida. Solo aquellos que son curiosos y valientes pueden llegar aquí. Tu amigo Lolo ya me había contado sobre ti.

Lucía miró a su gato, que ahora estaba cómodamente sentado junto a la chimenea, como si todo esto fuera perfectamente normal.

—Lolo... ¿hablaste con ella? —preguntó Lucía.

La señora asintió.

—Lolo no es un gato cualquiera. En este mundo, los animales pueden hablar y hacer muchas cosas extraordinarias. Pero me temo que no te he presentado. Mi nombre es Estrella, y soy la guardiana de este bosque mágico.

Lucía estaba maravillada. Nunca había imaginado que su gato, el perezoso Lolo, tuviera una vida secreta tan interesante.

—¿Qué hacemos ahora? —preguntó Lucía, emocionada por lo que podría venir.

Estrella sonrió y la invitó a sentarse junto a la chimenea.

—Este lugar es un refugio para los soñadores, para aquellos que creen en la magia. Pero también es un lugar donde los corazones puros pueden ayudar a protegerlo. Verás, no todos los que cruzan la ventana vienen con buenas intenciones.

Lucía se sentó junto a Estrella, escuchando atentamente.

—Hace tiempo, alguien trató de robar la magia de este bosque —continuó la señora—. Desde entonces, he estado buscando a alguien que me ayude a protegerlo. Creo que tú podrías ser esa persona.

Lucía se quedó en silencio por un momento, pensando en lo que Estrella le había dicho. ¿Ella, una niña de siete años, proteger un bosque mágico?

—¿Qué tengo que hacer? —preguntó finalmente.

Estrella le explicó que para proteger el bosque, Lucía debía encontrar tres objetos mágicos que estaban escondidos en diferentes partes del reino: una pluma de un águila dorada, una flor que nunca marchitaba y una piedra luminosa de la montaña más alta.

—Lolo te acompañará en tu viaje —dijo Estrella—. Él sabe cómo moverse por este mundo mejor que nadie.

Lucía asintió. Estaba lista para la aventura.

El corazón de Lucía latía con emoción y un poco de miedo mientras se preparaba para su viaje por el bosque mágico. Con Lolo a su lado, sabía que no estaba sola. Juntos, se pusieron en marcha por el camino que Estrella les había indicado, dirigiéndose hacia el primer desafío: encontrar la pluma del águila dorada.

El camino a través del bosque estaba lleno de sorpresas. En el transcurso de la travesía, se encontraron con todo tipo de criaturas amigables. Había un búho sabio que les dio consejos, una ardilla que les ofreció un mapa del bosque, e incluso una familia de erizos que los invitó a tomar té.

Pero el viaje no estuvo exento de dificultades. A medida que se adentraban más en el bosque, los árboles se volvían más altos y el cielo más oscuro. Lucía y Lolo tuvieron que cruzar un puente tambaleante sobre un profundo barranco y enfrentar un viento fuerte que trataba de empujarlos hacia atrás. Sin embargo, siguieron adelante, decididos a encontrar los objetos mágicos.

Después de lo que parecieron horas de caminata, finalmente llegaron a un árbol alto donde, en lo alto, descansaba el nido del águila dorada. Lucía miró hacia el nido y luego a Lolo.

—¿Cómo vamos a subir hasta allá? —preguntó.

Lolo, con su habitual calma, maulló suavemente y comenzó a trepar el árbol con facilidad. Lucía, siguiendo su ejemplo, también encontró una manera de subir, aunque mucho más lentamente.

Cuando llegaron a la cima, el águila dorada los esperaba. Sus plumas doradas brillaban con la suave luz, y sus ojos parecían sabios y amables.

—Sé por qué has venido —dijo el águila con una voz profunda—. Aquí tienes mi pluma. Tómala y úsala para proteger la magia del bosque.

Lucía tomó la pluma con delicadeza, sintiendo su poder en sus manos. Agradeció al águila y colocó cuidadosamente la pluma en su bolsa.

La siguiente tarea era encontrar la flor que nunca se marchita. Según el mapa de la ardilla, la flor crecía en un prado escondido en lo profundo del bosque. Siguieron el mapa de cerca, pasando por cascadas y campos de extrañas plantas brillantes.

Cuando finalmente llegaron al prado, era impresionante. Las flores brillaban con todos los colores del arco iris, y en el centro del prado se encontraba la flor que estaban buscando: una sola flor, más grande que las demás, con pétalos que parecían brillar con magia.

Lucía se acercó a la flor y, justo cuando estaba a punto de arrancarla, una suave voz resonó en el prado.

—Solo aquellos con intenciones puras pueden tomar esta flor —dijo la voz.

Lucía, recordando lo que Estrella le había dicho sobre la importancia de proteger el bosque, se arrodilló junto a la flor y susurró: "Prometo proteger la magia de este mundo".

Los pétalos de la flor brillaron con más intensidad y se desprendieron suavemente del tallo, flotando hasta las manos de Lucía. Ella sonrió, sabiendo que había pasado la prueba.

El último desafío era encontrar la piedra luminosa de la montaña más alta. El viaje a la montaña fue largo y difícil, pero con la guía de Lolo, llegaron a la cima. En la cumbre, escondida en una pequeña cueva, encontraron la piedra, que brillaba con una luz suave y cálida.

Lucía recogió la piedra, sintiendo cómo su calor se extendía por todo su cuerpo. Sabía que con la piedra, la pluma y la flor, ahora tenía el poder para ayudar a proteger el bosque mágico.

Cuando Lucía y Lolo regresaron a la cabaña de Estrella, Estrella los esperaba con una orgullosa sonrisa.

—Lo has logrado —dijo—. Has demostrado que tienes el corazón de una protectora.

Lucía entregó a Estrella los tres objetos mágicos, y Estrella los utilizó para fortalecer la magia que protegía el bosque.

Desde ese día, Lucía supo que, cada vez que mirara por la ventana mágica, siempre podría volver al mundo mágico. Y con Lolo a su lado, estaba lista para cualquier aventura que pudiera venir.

The Cat and the Magic Window

In a small and quiet town, there was a house at the end of the street that looked like any other. It had a well-kept garden, a white fence, and large windows where sunlight streamed in. But there was something that made this house special: a magic window.

Lucía, a seven-year-old girl, lived in that house with her mom, dad, and her cat, Lolo. Lolo was a chubby, gray-furred cat who usually spent his days sleeping in any sunny spot he could find. Though he was a calm cat, sometimes Lolo behaved very strangely, and Lucía thought he knew more than he let on.

One day, while playing with her doll in the living room, Lucía noticed something curious. Lolo, who usually slept all day, was sitting in front of one of the dining room windows, staring intently outside. The strangest thing was that his tail was moving quickly from side to side, as if he was very excited about something.

"What are you looking at, Lolo?" Lucía asked as she approached.

Lolo didn't move, but when Lucía looked out the window, everything seemed normal. It was just the same old garden with the trees, flowers, and blue sky in the background. However, something about Lolo's expression made her suspect that not everything was as it seemed.

That night, Lucía couldn't stop thinking about the window and her cat's strange behavior. So, she decided to talk to her mom.

"Mom, I think Lolo saw something weird out the window today," Lucía said as she brushed her teeth.

Her mom laughed softly and replied:

"Oh, honey, cats see things we can't. Don't worry, he was probably just watching a bird or a butterfly."

But Lucía wasn't so convinced. So, she decided to investigate on her own. The next morning, after breakfast, she returned to the dining room and sat in front of the window, right where Lolo had been. For a while, she didn't see anything strange, just the same old garden. But just when she was about to give up, something incredible happened.

Right before her eyes, the garden's landscape began to change. The trees disappeared, and in their place appeared a field of flowers she had never seen before. The sky turned a deep violet, and in the distance, she could see a huge castle with tall towers.

Lucía couldn't believe what she was seeing. It was as if the window had turned into a portal to another world!

"Lolo was right!" she exclaimed excitedly. "This window is magic!"

She ran to find Lolo, who was, as always, sleeping in his favorite sunny spot. She gently picked him up and brought him to the magic window. The cat, barely opening an eye, didn't seem surprised at all. He simply stretched and jumped through the window.

"Lolo!" Lucía cried out in fear.

But when she looked through the window, she saw that Lolo was walking calmly through the field of flowers, as if everything was perfectly normal. Without thinking twice, Lucía decided to follow him.

With a leap, she crossed the window and found herself in the magical world. The air was fresh and smelled of flowers, but the most amazing thing was that everything seemed brighter and more alive than in her world.

"Lolo, wait!" she shouted as she ran after her cat.

Lolo led her through the field and into a small forest. The trees were tall, their leaves a bright green, but what caught Lucía's attention the most were the animals living there. There were rabbits wearing hats, foxes reading books, and squirrels flying from tree to tree as if they were birds.

"This place is incredible!" Lucía whispered in awe.

Finally, they reached a cabin in the heart of the forest. It was small, with wooden walls and a chimney from which a wisp of smoke curled into the air. Lolo walked up to the door and, with one paw, gently pushed it open.

"Should I go in?" Lucía asked herself out loud.

Before she could decide, the door opened on its own, and an elderly woman, with a kind smile and bright eyes, appeared in the doorway.

"Welcome, Lucía!" the woman said. "I've been expecting you."

Lucía was surprised.

"How do you know my name?" she asked, still amazed.

The woman laughed softly.

"This is a special place, dear. Only those who are curious and brave can find their way here. Your friend Lolo has already told me about you."

Lucía looked at her cat, now comfortably sitting next to the fireplace, as if all of this was perfectly normal.

"Lolo... did you talk to her?" Lucía asked.

The woman nodded.

"Lolo is no ordinary cat. In this world, animals can talk and do many extraordinary things. But I'm afraid I haven't introduced myself. My name is Estrella, and I'm the guardian of this magical forest."

Lucía was astonished. She had never imagined that her lazy cat, Lolo, had such a fascinating secret life.

"What do we do now?" Lucía asked, excited about what might happen next.

Estrella smiled and invited her to sit by the fireplace.

"This place is a haven for dreamers, for those who believe in magic. But it's also a place where pure hearts help protect it. You see, not everyone who crosses the window comes with good intentions."

Lucía sat down beside Estrella, listening intently.

"Some time ago, someone tried to steal the magic from this forest," the woman continued. "Since then, I've been looking for someone to help me protect it. I believe you could be that person."

Lucía sat in silence for a moment, thinking about what Estrella had said. Could she, a seven-year-old girl, protect a magical forest?

"What do I have to do?" she finally asked.

Estrella explained that to protect the forest, Lucía needed to find three magical objects hidden in different parts of the realm: a feather from a golden eagle, a flower that never withers, and a glowing stone from the highest mountain.

"Lolo will accompany you on your journey," said Estrella. "He knows how to navigate this world better than anyone."

Lucía nodded, ready for the adventure.

Lucía's heart was racing with excitement and a little bit of fear as she prepared for her journey through the magical forest. With Lolo by her side, she knew she wasn't alone. Together, they set off on the path that

Estrella had pointed out, heading toward the first challenge: finding the golden eagle's feather.

The path through the forest was full of surprises. Along the way, they met all kinds of friendly creatures. There was a wise old owl who gave them advice, a squirrel who offered them a map of the forest, and even a family of hedgehogs who invited them for tea.

But the journey wasn't without its difficulties. As they ventured deeper into the forest, the trees grew taller and the sky darker. Lucía and Lolo had to cross a rickety bridge over a deep ravine and face a strong wind that tried to push them back. However, they pressed on, determined to find the magical objects.

After what seemed like hours of walking, they finally reached a tall tree where, high above, the golden eagle's nest rested. Lucía looked up at the nest and then at Lolo.

"How are we going to get up there?" she asked.

Lolo, in his usual calm manner, meowed softly and started climbing the tree with ease. Lucía, following his lead, found a way to climb up as well, although much more slowly.

When they reached the top, the golden eagle was waiting. Its golden feathers shimmered in the soft light, and its eyes looked wise and kind.

"I know why you've come," said the eagle in a deep voice. "Here is my feather. Take it and use it to protect the magic of the forest."

Lucía gently took the feather, feeling its power in her hands. She thanked the eagle and carefully placed the feather in her bag.

Their next task was to find the flower that never withers. According to the squirrel's map, the flower grew in a hidden meadow deep in the forest.

They followed the map closely, passing through waterfalls and fields of strange, glowing plants.

When they finally reached the meadow, it was breathtaking. The flowers glowed with all the colors of the rainbow, and in the center of the meadow stood the flower they were looking for—a single bloom, larger than the rest, with petals that seemed to sparkle with magic.

Lucía approached the flower and, just as she was about to pick it, a soft voice echoed through the meadow.

"Only those with pure intentions can take this flower," the voice said.

Lucía, remembering what Estrella had told her about the importance of protecting the forest, knelt beside the flower and whispered, "I promise to protect the magic of this world."

The flower's petals glowed brighter, and it gently detached from the stem, floating into Lucía's hands. She smiled, knowing she had passed the test.

The last challenge was to find the glowing stone from the highest mountain. The journey to the mountain was long and difficult, but with Lolo's guidance, they made it to the top. At the peak, hidden in a small cave, they found the stone, glowing with a soft, warm light.

Lucía picked up the stone, feeling its warmth spread through her body. She knew that with the stone, the feather, and the flower, she now had the power to help protect the magical forest.

When Lucía and Lolo returned to Estrella's cabin, Estrella was waiting for them with a proud smile.

"You've done it," she said. "You've proven that you have the heart of a protector."

Lucía handed Estrella the three magical objects, and Estrella used them to strengthen the magic that protected the forest.

From that day on, Lucía knew that whenever she looked out the magic window, she would always be able to return to the magical world. And with Lolo by her side, she was ready for any adventure that might come her way.

La caja mágica de Sara

Era un día gris y lluvioso cuando Sara descubrió la caja. Estaba en la esquina más oscura del desván de su abuela, escondida bajo viejas mantas y libros polvorientos. A Sara le encantaba explorar el desván cada vez que visitaba a su abuela. Siempre había algo nuevo y emocionante por descubrir, pero aquella caja parecía diferente a todo lo que había visto antes.

La caja no era grande, pero estaba decorada con intrincados grabados de estrellas, lunas y criaturas mágicas. Sara la observó de cerca, fascinada. Estaba segura de que nunca la había visto antes, y se preguntaba cómo había llegado allí.

Con cuidado, levantó la tapa de la caja y, para su sorpresa, encontró un pequeño espejo dentro. El espejo era redondo, con un marco dorado y brillante. Cuando Sara miró su reflejo, notó que algo no estaba bien. En lugar de ver solo su cara, vio también un bosque extraño y hermoso detrás de ella.

Intrigada, Sara tocó el espejo con la punta de los dedos. De repente, sintió un tirón, como si algo la estuviera arrastrando hacia el espejo. Antes de que pudiera gritar, fue absorbida por completo y se encontró de pie en medio del bosque que había visto en el reflejo.

—¡¿Dónde estoy?! —gritó Sara, mirando a su alrededor con los ojos muy abiertos.

El bosque era increíblemente verde, con árboles tan altos que sus copas desaparecían en las nubes. Flores de colores brillantes cubrían el suelo, y el aire olía a algo dulce, como a miel. Pero lo más sorprendente era el silencio. No había ningún sonido, ni de animales, ni del viento.

—No puede ser real —se dijo Sara, pellizcándose para asegurarse de que no estaba soñando.

—Oh, es real, muy real —dijo una voz a su espalda.

Sara se giró rápidamente y vio a una pequeña criatura con aspecto de conejo, pero que llevaba puesto un pequeño sombrero rojo y unas gafas redondas. El conejo la miraba con una sonrisa amigable.

—¿Quién eres tú? —preguntó Sara, aún sorprendida.

—Soy Tristán, el guardián de este bosque mágico —respondió el conejo, haciendo una pequeña reverencia—. Y tú debes de ser Sara.

—¿Cómo sabes mi nombre? —preguntó Sara, desconcertada.

—Lo sabemos todo sobre los humanos que cruzan a nuestro mundo a través de la caja mágica —explicó Tristán—. Aunque, últimamente, no hemos tenido muchas visitas.

Sara miró la caja que aún sostenía en sus manos. No podía creer que un simple objeto pudiera llevarla a un lugar tan increíble.

—¿Y qué hago aquí? —preguntó Sara—. ¿Hay alguna forma de volver a casa?

—Oh, claro —dijo Tristán—. Pero primero, hay algo que debes hacer. Este bosque mágico está en peligro, y solo alguien con un corazón puro puede salvarlo.

Sara se quedó en silencio. La idea de salvar un bosque mágico era emocionante, pero también un poco aterradora. Aún así, sentía que no podía negarse.

—¿Qué tengo que hacer? —preguntó finalmente.

Tristán sonrió.

—Hay tres objetos mágicos escondidos en este bosque: una pluma de ave de fuego, una gema del lago de cristal, y una flor que solo florece bajo la luz de la luna llena. Debes encontrarlos y traerlos de vuelta antes de que caiga la noche.

—¿Y si no lo logro? —preguntó Sara, preocupada.

—Entonces, el bosque perderá su magia para siempre —respondió Tristán, con un tono serio—. Pero confío en que lo lograrás. Eres más valiente de lo que crees.

Sara respiró hondo, se ajustó su chaqueta y se preparó para la búsqueda.

—Vamos, entonces. No hay tiempo que perder.

El primer objeto que debía encontrar era la pluma del ave de fuego. Según Tristán, el ave vivía en la cima del árbol más alto del bosque, donde nunca llegaba la luz del sol. Sara caminó por el bosque, mirando hacia arriba, en busca del árbol más imponente. Tras unos minutos, lo vio: era un árbol gigantesco, cuyas ramas parecían tocar el cielo.

—Este debe ser —murmuró Sara, observando las ramas que se retorcían sobre ella.

Comenzó a trepar con cuidado, aferrándose a las ramas fuertes y avanzando poco a poco hacia la cima. A medida que subía, el aire se volvía más frío, y el sol desaparecía por completo entre las hojas densas. Cuando finalmente llegó a la cima, vio un nido hecho de ramas y hojas brillantes.

Dentro del nido, un ave de fuego reposaba tranquilamente, con sus plumas radiantes como llamas. Sara se acercó lentamente, tratando de no hacer ruido. El ave abrió un ojo y la miró fijamente.

—¿Qué buscas, pequeña? —preguntó el ave con una voz suave.

—Necesito una de tus plumas para salvar el bosque mágico —respondió Sara, con un hilo de voz.

El ave la miró en silencio por un momento, y luego, con un leve aleteo, una de sus plumas doradas cayó suavemente frente a Sara.

—Toma la pluma, y úsala sabiamente —dijo el ave—. El bosque confía en ti.

Sara tomó la pluma con cuidado, agradeció al ave y comenzó a descender del árbol. Ya tenía el primer objeto.

El siguiente paso era encontrar la gema del lago de cristal. Tristán le había dado indicaciones para llegar al lago, que estaba escondido entre colinas cubiertas de musgo. Sara caminó durante lo que parecieron horas, hasta que finalmente, llegó a un claro donde el lago de cristal brillaba bajo la luz del sol.

El agua del lago era tan clara que Sara podía ver hasta el fondo, donde una brillante gema azul reposaba, rodeada de peces de colores. Sin embargo, el agua parecía demasiado profunda para nadar.

—¿Cómo voy a sacar la gema de ahí? —se preguntó Sara en voz alta.

De repente, un pez grande y plateado saltó fuera del agua y habló.

—Si quieres la gema, debes resolver mi acertijo —dijo el pez, nadando en círculos.

Sara, sorprendida, asintió.

—Estoy lista —dijo, aunque no estaba muy segura de ello.

El pez sonrió y le planteó el acertijo.

—Soy fuerte como el hierro, pero no soy metal. Nado por el agua, pero no soy un pez. ¿Qué soy?

Sara frunció el ceño, pensando en la respuesta. Sabía que no era fácil, pero después de unos momentos de reflexión, se le ocurrió la solución.

—¡Un barco! —gritó.

El pez asintió, impresionado.

—Correcto. La gema es tuya.

Con un chasquido de su cola, el pez hizo que la gema azul subiera a la superficie del lago, donde Sara pudo recogerla sin problemas. Ahora solo le faltaba un objeto.

La última tarea era encontrar la flor que solo florecía bajo la luz de la luna llena. Según Tristán, esta flor rara y hermosa crecía en un claro especial, al que solo se podía acceder siguiendo una senda secreta.

Con la ayuda de Tristán, Sara encontró el claro justo cuando el sol comenzaba a ponerse. El cielo se llenó de estrellas, y la luna llena comenzó a elevarse lentamente. Mientras la luz lunar iluminaba el claro, Sara vio cómo una pequeña flor plateada comenzaba a florecer en el centro del campo.

Se acercó lentamente, maravillada por su belleza. La flor brillaba bajo la luz de la luna, y sus pétalos parecían hechos de pura plata.

—Es la flor más hermosa que he visto —susurró Sara.

Con mucho cuidado, Sara recogió la flor y la guardó en su bolsa junto con la pluma y la gema.

Con los tres objetos en su poder, Sara regresó al lugar donde Tristán la esperaba. El conejo sonrió al ver que había cumplido su misión.

—Sabía que lo lograrías —dijo—. Has salvado el bosque mágico.

Sara sonrió, sintiéndose orgullosa de lo que había logrado.

—¿Y ahora qué pasa? —preguntó.

—Ahora puedes volver a casa —respondió Tristán—. Pero siempre tendrás un lugar aquí, en el bosque mágico.

Con un último adiós, Sara fue transportada de vuelta al desván de su abuela. Miró la caja en sus manos y sonrió. Sabía que, aunque el viaje había terminado, siempre podría regresar al bosque mágico si lo necesitaba.

Sara's Magic Box

It was a gray and rainy day when Sara discovered the box. It was in the darkest corner of her grandmother's attic, hidden under old blankets and dusty books. Sara loved exploring the attic whenever she visited her grandmother. There was always something new and exciting to discover, but this box seemed different from anything she had ever seen before.

The box wasn't large, but it was decorated with intricate carvings of stars, moons, and magical creatures. Sara looked at it closely, fascinated. She was sure she had never seen it before, and wondered how it had gotten there.

Carefully, she lifted the lid of the box, and to her surprise, she found a small mirror inside. The mirror was round, with a shiny golden frame. When Sara looked at her reflection, she noticed something strange. Instead of just seeing her face, she also saw a strange and beautiful forest behind her.

Intrigued, Sara touched the mirror with her fingertips. Suddenly, she felt a pull, as if something were dragging her into the mirror. Before she could scream, she was completely absorbed and found herself standing in the middle of the forest she had seen in the reflection.

"Where am I?!" Sara shouted, looking around with wide eyes.

The forest was incredibly green, with trees so tall that their tops disappeared into the clouds. Brightly colored flowers covered the ground, and the air smelled sweet, like honey. But the most surprising thing was the silence. There were no sounds, no animals, no wind.

"This can't be real," she said to herself, pinching her arm to make sure she wasn't dreaming.

"Oh, it's real, very real," said a voice behind her.

Sara turned quickly and saw a small creature that looked like a rabbit, but it was wearing a little red hat and round glasses. The rabbit looked at her with a friendly smile.

"Who are you?" Sara asked, still surprised.

"I'm Tristan, the guardian of this magical forest," replied the rabbit, making a small bow. "And you must be Sara."

"How do you know my name?" asked Sara, confused.

"We know everything about humans who cross into our world through the magic box," Tristan explained. "Although, we haven't had many visitors lately."

Sara looked at the box she was still holding in her hands. She couldn't believe that a simple object could take her to such an incredible place.

"And what am I doing here?" she asked. "Is there a way to go back home?"

"Oh, of course," Tristan said. "But first, there's something you need to do. This magical forest is in danger, and only someone with a pure heart can save it."

Sara was silent. The idea of saving a magical forest was exciting, but also a little scary. Still, she felt she couldn't refuse.

"What do I have to do?" she finally asked.

Tristan smiled.

"There are three magical objects hidden in this forest: a feather from the firebird, a gem from the crystal lake, and a flower that only blooms under the light of the full moon. You must find them and bring them back before nightfall."

"And what happens if I don't make it?" Sara asked, worried.

"Then the forest will lose its magic forever," Tristan said, with a serious tone. "But I trust you'll make it. You're braver than you think."

Sara took a deep breath, adjusted her jacket, and prepared for the search.

"Let's go then. There's no time to lose."

The first object she had to find was the firebird's feather. According to Tristan, the bird lived at the top of the tallest tree in the forest, where the sunlight never reached. Sara walked through the forest, looking up, searching for the most imposing tree. After a few minutes, she saw it: a gigantic tree, whose branches seemed to touch the sky.

"This must be it," Sara murmured, looking at the twisted branches above her.

She began to climb carefully, holding onto the strong branches and slowly making her way to the top. As she climbed, the air grew colder, and the sun disappeared completely among the dense leaves. When she finally reached the top, she saw a nest made of shiny branches and leaves.

Inside the nest, a firebird rested calmly, its feathers glowing like flames. Sara approached slowly, trying not to make any noise. The bird opened one eye and looked at her intently.

"What do you seek, little one?" the bird asked in a soft voice.

"I need one of your feathers to save the magical forest," Sara replied, her voice barely a whisper.

The bird looked at her in silence for a moment, then, with a slight flutter, one of its golden feathers gently fell in front of Sara.

"Take the feather, and use it wisely," said the bird. "The forest trusts you."

Sara carefully took the feather, thanked the bird, and began her descent from the tree. She had the first object.

The next step was to find the gem from the crystal lake. Tristan had given her directions to the lake, hidden among moss-covered hills. Sara walked for what seemed like hours, until she finally arrived at a clearing where the crystal lake sparkled under the sunlight.

The water of the lake was so clear that Sara could see all the way to the bottom, where a shining blue gem rested, surrounded by colorful fish. However, the water seemed too deep to swim.

"How am I going to get the gem from down there?" Sara asked herself aloud.

Suddenly, a large silver fish jumped out of the water and spoke.

"If you want the gem, you must solve my riddle," said the fish, swimming in circles.

Sara, surprised, nodded.

"I'm ready," she said, though she wasn't quite sure.

The fish smiled and presented the riddle.

"I am strong as iron, but I am not metal. I swim through water, but I am not a fish. What am I?"

Sara frowned, thinking about the answer. She knew it wasn't easy, but after a few moments of reflection, the solution came to her.

"A boat!" she shouted.

The fish nodded, impressed.

"Correct. The gem is yours."

With a flick of its tail, the fish made the blue gem rise to the surface of the lake, where Sara could collect it easily. Now she only had one object left.

The last task was to find the flower that only bloomed under the light of the full moon. According to Tristan, this rare and beautiful flower grew in a special clearing, which could only be reached by following a secret path.

With Tristan's help, Sara found the clearing just as the sun was beginning to set. The sky filled with stars, and the full moon slowly began to rise. As the moonlight illuminated the clearing, Sara saw a small silver flower beginning to bloom in the center of the field.

She approached slowly, amazed by its beauty. The flower glowed under the moonlight, and its petals seemed to be made of pure silver.

"It's the most beautiful flower I've ever seen," Sara whispered.

Carefully, Sara picked the flower and placed it in her bag along with the feather and the gem.

With all three objects in her possession, Sara returned to the place where Tristan was waiting for her. The rabbit smiled when he saw she had completed her mission.

"I knew you would do it," he said. "You've saved the magical forest."

Sara smiled, feeling proud of what she had accomplished.

"And now what happens?" she asked.

"Now you can go back home," Tristan replied. "But you will always have a place here, in the magical forest."

With one last goodbye, Sara was transported back to her grandmother's attic. She looked at the box in her hands and smiled. She knew that, although the journey was over, she could always return to the magical forest if she ever needed to.

El dragón de las nubes

Había una vez, en un pueblo rodeado de montañas, un pequeño niño llamado Martín. Desde su ventana, él solía mirar las nubes que flotaban sobre las cimas de las montañas. Su imaginación siempre le llevaba a pensar que aquellas nubes no eran simples nubes, sino algo mucho más especial.

Una tarde, mientras jugaba en el bosque cercano a su casa, Martín encontró una pequeña piedra azul brillante. La levantó y la observó detenidamente. Parecía mágica, y al tocarla, el cielo se llenó de nubes aún más densas de lo normal. De repente, un rugido lejano retumbó por el aire.

Martín miró hacia arriba, y lo que vio lo dejó sin aliento. Un dragón, enorme y majestuoso, volaba entre las nubes. No era un dragón cualquiera, sus escamas brillaban con tonos plateados y azules, reflejando la luz del sol como si fuera agua. Sus alas eran tan grandes que parecían cubrir todo el cielo.

—¿Quién eres? —preguntó Martín con voz temblorosa, aunque el dragón no estaba tan cerca.

El dragón bajó lentamente hasta posarse en una roca enorme cerca de donde estaba Martín. Sus ojos, de un azul profundo, miraron al niño con curiosidad.

—Soy Nebulón, el dragón de las nubes —dijo con una voz suave y grave—. Y tú, pequeño humano, has encontrado mi piedra.

Martín miró la piedra azul en su mano y luego de nuevo al dragón. No sabía qué hacer o qué decir. ¿Había hecho algo malo al encontrar la piedra?

—No te preocupes —dijo Nebulón, como si pudiera leer los pensamientos del niño—. Esa piedra es muy especial. Solo alguien con un corazón puro puede verla y tocarla. Y ahora que lo has hecho, estás destinado a ayudarme.

—¿Ayudarte? —preguntó Martín, sorprendido—. ¿Cómo puedo ayudarte yo?

—Hace mucho tiempo, el viento dejó de soplar sobre estas montañas —explicó Nebulón—. Sin el viento, las nubes no pueden moverse y el cielo se vuelve pesado. Yo, como dragón de las nubes, necesito que el viento vuelva, pero no puedo hacerlo solo. Para traer el viento de vuelta, necesitamos encontrar las tres fuentes del aire. Solo un humano como tú, que ha tocado la piedra mágica, puede hacerlo.

Martín escuchó con atención. Aunque la idea de emprender una aventura con un dragón le parecía increíble, también sentía un poco de miedo. Pero miró a Nebulón, y supo que no podía dejarlo solo.

—Está bien —dijo Martín con valentía—. ¿Dónde empezamos?

Nebulón explicó que las tres fuentes del aire estaban esparcidas por diferentes partes del mundo. La primera se encontraba en la cueva del viento, una cueva oculta en lo más profundo de las montañas. La segunda, en el bosque de los susurros, un lugar donde los árboles hablaban con el viento. La tercera, en el océano infinito, donde los vientos del norte y sur se encontraban.

Con Nebulón como guía, Martín subió al lomo del dragón, aferrándose con fuerza mientras el dragón batía sus alas y se elevaba hacia el cielo. El viaje fue rápido, el viento fresco golpeaba su rostro, y en poco tiempo, llegaron a la entrada de la cueva del viento.

La entrada a la cueva estaba oscura y tenebrosa, pero Martín no tenía miedo. Con Nebulón a su lado, se sintió valiente. Mientras entraban, el sonido del viento comenzaba a resonar en las paredes de la cueva, pero no había viento en absoluto. El eco de las corrientes de aire antiguas era lo único que quedaba.

—Aquí debemos encontrar el cristal del viento —dijo Nebulón—. Este cristal es el corazón de la primera fuente de aire.

Martín caminó hacia el fondo de la cueva, donde una luz azul brillaba débilmente. Allí, sobre una roca lisa, descansaba el cristal del viento. Era pequeño, pero brillaba intensamente, como si tuviera vida propia.

Martín extendió la mano y, con cuidado, tomó el cristal. En cuanto lo hizo, el viento empezó a soplar de nuevo en la cueva, suave al principio, pero luego cada vez más fuerte, llenando el aire con un sonido alegre.

—¡Lo logramos! —exclamó Martín, con una sonrisa en su rostro.

—Este es solo el comienzo —dijo Nebulón—. Ahora, debemos ir al bosque de los susurros.

El vuelo hacia el bosque fue más largo, pero el paisaje era hermoso. El sol comenzaba a ponerse cuando llegaron al borde del bosque. Era un lugar extraño, lleno de árboles altos y delgados que se movían ligeramente, aunque no había viento. Martín podía escuchar un suave murmullo, como si los árboles estuvieran hablando entre sí.

—Aquí es donde vive el viento del sur —dijo Nebulón—. Debemos encontrar la hoja plateada del árbol mayor. Esa hoja es la clave para liberar el viento.

Martín caminó entre los árboles, escuchando los susurros que parecían guiarlo. Después de un rato, encontró el árbol mayor, un árbol tan alto que su copa se perdía en las nubes. En una de sus ramas más bajas, vio la hoja plateada brillando.

Con cuidado, Martín subió al árbol y arrancó la hoja. En cuanto lo hizo, una ráfaga de viento cálido atravesó el bosque, haciendo que los árboles se balancearan y hablaran más alto.

—Has hecho bien, Martín —dijo Nebulón—. Solo queda una fuente más.

El último destino era el más lejano: el océano infinito. Nebulón voló durante horas, hasta que finalmente llegaron a la costa. El océano se extendía hasta donde alcanzaba la vista, y el sonido de las olas llenaba el aire.

—El viento del norte y del sur se encuentran en este lugar —dijo Nebulón—. Debemos encontrar la piedra del mar, que descansa en el fondo de este océano.

—¿Cómo vamos a encontrarla? —preguntó Martín.

Nebulón sonrió y agitó sus alas, creando una fuerte corriente de aire que dividió el agua del océano, dejando un camino hacia el fondo.

Martín siguió el camino con Nebulón, y al llegar al fondo, vieron una pequeña piedra azul brillando bajo la luz del sol que se filtraba a través del agua. Martín la recogió y, al hacerlo, una ráfaga de viento fresco sopló desde todas las direcciones.

—¡El viento ha regresado! —gritó Martín con alegría.

Con las tres fuentes del aire recuperadas, Nebulón y Martín regresaron al valle. Las nubes se movían de nuevo, y el cielo estaba despejado y brillante.

—Gracias, Martín —dijo Nebulón—. Has salvado el equilibrio del mundo.

Martín sonrió, feliz de haber ayudado, y vio cómo el dragón se desvanecía entre las nubes, regresando a su hogar en el cielo.

The Cloud Dragon

Once upon a time, in a village surrounded by mountains, there was a little boy named Martín. From his window, he often looked at the clouds floating over the mountain peaks. His imagination always led him to believe that those clouds were not just clouds, but something much more special.

One afternoon, while playing in the forest near his house, Martín found a small, bright blue stone. He picked it up and examined it closely. It seemed magical, and as soon as he touched it, the sky filled with even thicker clouds than usual. Suddenly, a distant roar echoed through the air.

Martín looked up, and what he saw left him breathless. A dragon, huge and majestic, was flying among the clouds. This wasn't just any dragon; its scales shone with silver and blue tones, reflecting the sunlight like water. Its wings were so large that they seemed to cover the entire sky.

"Who are you?" Martín asked in a trembling voice, even though the dragon wasn't that close.

The dragon slowly descended and landed on a large rock near where Martín stood. Its deep blue eyes looked at the boy curiously.

"I am Nebulón, the Cloud Dragon," it said in a soft, deep voice. "And you, little human, have found my stone."

Martín looked at the blue stone in his hand and then back at the dragon. He didn't know what to do or say. Had he done something wrong by finding the stone?

"Don't worry," said Nebulón, as if he could read the boy's thoughts. "That stone is very special. Only someone with a pure heart can see and touch it. Now that you have, you are destined to help me."

"Help you?" Martín asked, surprised. "How can I help you?"

"Long ago, the wind stopped blowing over these mountains," Nebulón explained. "Without the wind, the clouds can't move, and the sky becomes heavy. I, as the Cloud Dragon, need the wind to return, but I can't do it alone. To bring the wind back, we need to find the three sources of air. Only a human like you, who has touched the magic stone, can do it."

Martín listened carefully. Although the idea of going on an adventure with a dragon seemed incredible, he also felt a bit scared. But he looked at Nebulón and knew he couldn't leave him alone.

"Alright," Martín said bravely. "Where do we start?"

Nebulón explained that the three sources of air were scattered across different parts of the world. The first was in the Cave of the Wind, a hidden cave deep in the mountains. The second was in the Whispering Forest, a place where the trees spoke with the wind. The third was in the Infinite Ocean, where the winds of the north and south met.

With Nebulón as his guide, Martín climbed onto the dragon's back, holding on tightly as the dragon beat its wings and soared into the sky. The journey was quick, the fresh wind hitting his face, and in no time, they arrived at the entrance to the Cave of the Wind.

The entrance to the cave was dark and eerie, but Martín wasn't afraid. With Nebulón by his side, he felt brave. As they entered, the sound of the wind began to echo off the walls of the cave, though there was no wind at all. The echo of ancient air currents was all that remained.

"We must find the Wind Crystal here," Nebulón said. "This crystal is the heart of the first source of air."

Martín walked toward the back of the cave, where a faint blue light was glowing. There, resting on a smooth rock, lay the Wind Crystal. It was small, but it shone brightly, as if it had a life of its own.

Martín reached out and carefully took the crystal. As soon as he did, the wind began to blow again in the cave, softly at first, but then stronger and stronger, filling the air with a joyful sound.

"We did it!" Martín exclaimed, smiling.

"This is only the beginning," Nebulón said. "Now, we must go to the Whispering Forest."

The flight to the forest was longer, but the landscape was beautiful. The sun was beginning to set when they reached the edge of the forest. It was a strange place, full of tall, slender trees that swayed slightly, even though there was no wind. Martín could hear a soft murmur, as if the trees were speaking to one another.

"This is where the southern wind lives," Nebulón said. "We must find the Silver Leaf of the Great Tree. That leaf is the key to releasing the wind."

Martín walked through the trees, listening to the whispers that seemed to guide him. After a while, he found the Great Tree, a tree so tall that its top disappeared into the clouds. On one of its lowest branches, he saw the Silver Leaf glowing.

Carefully, Martín climbed the tree and plucked the leaf. As soon as he did, a warm gust of wind swept through the forest, making the trees sway and speak louder.

"You've done well, Martín," Nebulón said. "Only one more source remains."

The final destination was the farthest away: the Infinite Ocean. Nebulón flew for hours until they finally reached the coast. The ocean stretched as far as the eye could see, and the sound of the waves filled the air.

"The northern and southern winds meet here," Nebulón said. "We must find the Sea Stone, which rests at the bottom of this ocean."

"How are we going to find it?" Martín asked.

Nebulón smiled and flapped his wings, creating a strong gust of air that parted the ocean, leaving a path to the bottom.

Martín followed the path with Nebulón, and when they reached the bottom, they saw a small blue stone glowing under the sunlight that filtered through the water. Martín picked it up, and as soon as he did, a cool breeze blew from all directions.

"The wind has returned!" Martín shouted with joy.

With the three sources of air recovered, Nebulón and Martín returned to the valley. The clouds were moving again, and the sky was clear and bright.

"Thank you, Martín," Nebulón said. "You have restored the balance of the world."

Martín smiled, happy to have helped, and watched as the dragon faded into the clouds, returning to his home in the sky.

El Zorro y la Luna

Había una vez un zorro llamado Max, que vivía en el corazón de un gran bosque. Max era conocido por ser un zorro muy curioso y siempre soñaba con cosas más allá de lo que podía ver. Una noche, mientras caminaba bajo el cielo estrellado, vio algo que lo dejó completamente asombrado: la luna, grande y brillante, parecía estar más cerca que nunca.

—¡Qué hermosa es la luna! —exclamó Max, con los ojos llenos de admiración—. ¡Cómo me gustaría tener algo tan brillante y mágico!

A partir de esa noche, Max no podía dejar de pensar en la luna. Soñaba con tener un pedazo de su luz para él, algo que lo hiciera especial. Pensaba que si pudiera llegar hasta la luna, podría ser el zorro más famoso de todos los tiempos.

Max decidió que intentaría llegar hasta la luna. Observó durante semanas desde su madriguera, buscando la manera perfecta de alcanzarla. Cada noche, la luna parecía tan cercana, pero cuando Max intentaba saltar para alcanzarla, se daba cuenta de lo lejos que realmente estaba.

—Debe haber una manera —dijo Max, mientras caminaba en círculos, pensando en un plan.

Finalmente, se le ocurrió una idea. Había un gran roble en el centro del bosque, el árbol más alto que jamás había visto. Max pensó que si subía hasta la cima de ese árbol, podría estar lo suficientemente alto como para saltar y alcanzar la luna.

Una noche clara, cuando la luna estaba llena y brillaba con más fuerza que nunca, Max decidió que era el momento perfecto. Corrió hacia el roble y comenzó a trepar. No fue fácil, ya que el árbol era inmenso y sus patas no estaban hechas para trepar. Pero Max era un zorro determinado, y después de mucho esfuerzo, logró llegar a la rama más alta.

Desde allí, Max miró hacia el cielo. La luna parecía estar justo encima de él, brillante y majestuosa. Su corazón latía con fuerza, y se preparó para el gran salto.

—¡Voy a llegar hasta la luna! —dijo Max, lleno de confianza.

Con todas sus fuerzas, saltó lo más alto que pudo. Pero, por más que lo intentó, no llegó ni cerca de la luna. En su lugar, comenzó a caer rápidamente hacia el suelo. Max cerró los ojos, esperando lo peor, pero algo sorprendente sucedió: en lugar de golpear el suelo, aterrizó suavemente en una nube que lo sostenía.

Max abrió los ojos y vio que estaba flotando entre las estrellas. ¡Estaba en el cielo! Las estrellas brillaban a su alrededor, y la luna estaba tan cerca que parecía poder tocarla. Max no podía creer lo que estaba sucediendo.

Mientras Max flotaba en la nube, una suave voz lo interrumpió.

—¿Qué haces aquí, pequeño zorro? —preguntó la voz.

Max miró alrededor y vio una figura brillante frente a él. Era la luna, pero no solo era un objeto en el cielo. La luna tenía ojos amables y una sonrisa cálida.

—He venido para conocerte —dijo Max, aún sin poder creerlo—. Siempre he soñado con tocar tu luz y tener un pedazo de ti.

La luna soltó una suave risa.

—Oh, pequeño zorro —dijo la luna—. No necesitas un pedazo de mí para ser especial. Cada criatura en este mundo tiene su propia luz. Tú ya tienes algo que te hace único, solo que no lo has visto todavía.

Max se quedó pensativo. Nunca había considerado que él, un simple zorro del bosque, pudiera tener algo especial. Pero la luna parecía estar tan segura de ello.

—¿De verdad crees que tengo algo especial? —preguntó Max, lleno de dudas.

—Claro que sí —respondió la luna—. Tu curiosidad, tu valentía, tu capacidad para soñar en grande, todo eso es parte de tu luz. Y esa luz brilla tan intensamente como las estrellas.

Cuando llegó el momento de despedirse, la luna le prometió que siempre estaría allí para guiarlo en las noches oscuras.

—Recuerda, Max —dijo la luna mientras comenzaba a descender lentamente—. Siempre puedes mirar hacia el cielo para recordar tu propia luz.

Max aterrizó suavemente en el suelo del bosque. Todo parecía diferente ahora, como si el mundo brillara con una nueva luz. Caminó de regreso a su madriguera, con el corazón lleno de alegría y confianza. Esa noche, al mirar la luna desde su rincón favorito, Max ya no sintió la necesidad de alcanzarla. Sabía que ya tenía todo lo que necesitaba para brillar.

The Fox and the Moon

Once upon a time, there was a fox named Max who lived in the heart of a large forest. Max was known for being a very curious fox, and he always dreamed of things beyond what he could see. One night, as he walked under the starry sky, he saw something that left him completely amazed: the moon, big and bright, seemed closer than ever.

"How beautiful the moon is!" Max exclaimed, his eyes filled with admiration. "How I would love to have something so bright and magical!"

From that night on, Max couldn't stop thinking about the moon. He dreamed of having a piece of its light for himself, something that would make him feel special. He thought that if he could reach the moon, he could become the most famous fox of all time.

Max decided that he would try to reach the moon. For weeks, he observed from his den, looking for the perfect way to reach it. Every night, the moon seemed so close, but when Max tried to jump to reach it, he realized just how far away it really was.

"There must be a way," Max said as he paced back and forth, thinking of a plan.

Finally, an idea came to him. There was a great oak tree in the center of the forest, the tallest tree he had ever seen. Max thought that if he climbed to the top of that tree, he might be high enough to jump and reach the moon.

On a clear night, when the moon was full and shining more brightly than ever, Max decided it was the perfect time. He ran to the oak tree and began to climb. It wasn't easy, as the tree was enormous, and his paws weren't made for climbing. But Max was a determined fox, and after much effort, he managed to reach the highest branch.

From there, Max looked up at the sky. The moon seemed to be right above him, bright and majestic. His heart was pounding, and he prepared for the big leap.

"I'm going to reach the moon!" Max said, full of confidence.

With all his strength, he jumped as high as he could. But no matter how hard he tried, he didn't even come close to the moon. Instead, he began to fall quickly toward the ground. Max closed his eyes, expecting the worst, but something surprising happened: instead of hitting the ground, he landed gently on a cloud that held him up.

Max opened his eyes and saw that he was floating among the stars. He was in the sky! The stars were shining all around him, and the moon was so close that it seemed like he could touch it. Max couldn't believe what was happening.

As Max floated on the cloud, a soft voice interrupted him.

"What are you doing here, little fox?" the voice asked.

Max looked around and saw a bright figure in front of him. It was the moon, but it wasn't just an object in the sky. The moon had kind eyes and a warm smile.

"I've come to meet you," Max said, still in disbelief. "I've always dreamed of touching your light and having a piece of you."

The moon let out a soft laugh.

"Oh, little fox," the moon said. "You don't need a piece of me to be special. Every creature in this world has its own light. You already have something that makes you unique; you just haven't seen it yet."

Max thought about this. He had never considered that he, a simple fox from the forest, could have something special. But the moon seemed so sure of it.

"Do you really think I have something special?" Max asked, full of doubt.

"Of course," the moon replied. "Your curiosity, your bravery, your ability to dream big, all of that is part of your light. And that light shines as brightly as the stars."

When it was time to say goodbye, the moon promised that it would always be there to guide him on dark nights.

"Remember, Max," the moon said as he began to descend slowly. "You can always look to the sky to remember your own light."

Max landed softly on the forest floor. Everything seemed different now, as if the world was glowing with a new light. He walked back to his den, his heart full of joy and confidence. That night, as he looked at the moon from his favorite spot, Max no longer felt the need to reach it. He knew he already had everything he needed to shine.

www.ingramcontent.com/pod-product-compliance
Lightning Source LLC
Chambersburg PA
CBHW061635130726

47996CB00003B/1296